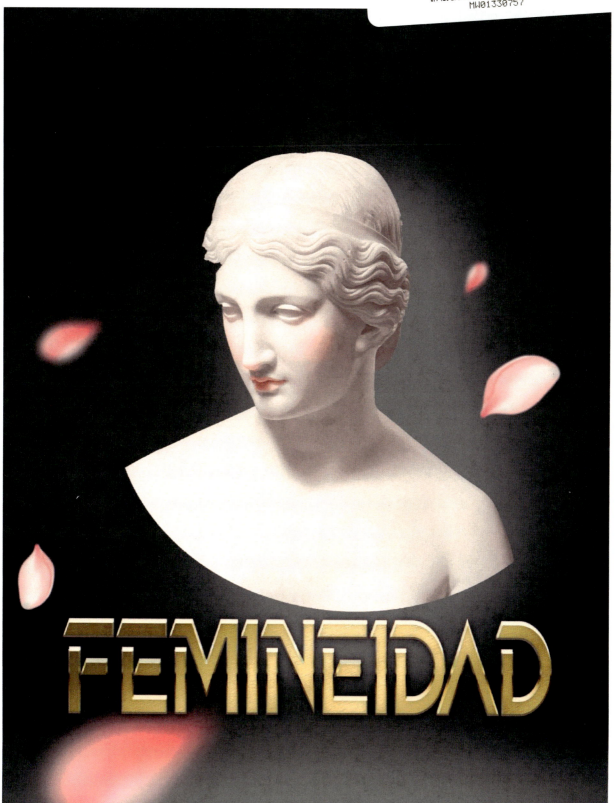

PUBLICAR NO ES DIFÍCIL SI ES TU SUEÑO

 PUBLICA TU LIBRO

CON LA EDITORIAL PARA ESCRITORES INDEPENDIENTES MAS ACTIVA, CONFIABLE Y PROFESIONAL DEL MERCADO.

Impresión de libros bajo demanda en USA.

¿Tienes ya tu libro terminado y no sabes cómo publicarlo? ¿Has contactado a varias editoriales y parece que nunca responden?

Somos un grupo de personas que pensó en la necesidad de poner al alcance de todos la publiación, impresion y venta por demanda de libros por medio de la tecnología para facilitar la vida de autores, editores, lectores y todos los actores culturales que quieren autopublicar y divulgar su obra.

 La editorial para nuevos y futuros autores que deseen cómo escribir; publicar, y vender su libro.

Regístrese aquí:
(917) 870 0233 / (917) 650-8762
alejandrocaguirre.com

#PsicoCoachingEditorial

CARTA EDITORIAL

Marzo es un mes especial, inicia la primavera y todo florece como sucede año con año, al igual que los recuerdos de eventos a nivel mundial, que han sido decisivos a lo largo de la humanidad y se han distinguido por una trascendente presencia femenina en ellos. En esta edición número 19 de su **Revista Reingeniería Mental Magazine**, nos complace de manera muy especial, rendir un homenaje a cada una de esas mujeres valientes y decididas que como usted o yo, han sido hijas, hermanas o madres y parte fundamental de la sociedad a la que han pertenecido según su momento en la historia.

Nuestra eterna gratitud a quienes nos precedieron y debemos hoy el disfrute de un mejor presente y la posibilidad de aspirar a un futuro mucho más prometedor.

¿Se ha puesto a pensar, que mucho de lo que hoy gozamos es gracias a su lucha, esfuerzo, sacrificio y logros?

Fortalezcámonos unidas a través de la energía del amor con el que fuimos creadas como parte de ese maravilloso **TODO UNIVERSAL**, de la mano con todas las criaturas existentes y mostremos al mundo, que seguimos unidas persiguiendo las metas que aún faltan para crear una verdadera realidad igualitaria y que lo haremos de manera pacífica hasta conseguirlo orgullosas y plenas en nuestra femineidad.

Beatriz Sánchez Arellano

EDICIÓN Nº 19
MARZO 2023

FEMINEIDAD

PRODUCCIÓN
Alejandro C. Aguirre Publishing/Editorial, Corp.

CASA EDITORIAL
Alejandro C. Aguirre Publishing/Editorial, Corp.

PRESIDENTE & DIRECTOR EJECUTIVO
Alejandro C. Aguirre

VICEPRESIDENTA
Rosalba C. Aguirre

GERENTE EDITORIAL
Antonio Cote

DIRECTORA EJECUTIVA EDITORIAL
Lenny Z. Pito-Bonilla

EDITORA GENERAL
Beatriz Sánchez

DIAGRAMACIÓN
Magalli Tapia

EDITORES
Leonor Rey
Nidia Romero
Ioan Giarell

VENTAS
Equipo de Marketing

LICENCIA
Alejandro C. Aguirre
Publishing/Editorial, Corp.

ANÚNCIESE
EN RE-INGENIERÍA MENTAL MAGAZINE
Dentro de EE. UU. Al 917.870.0233
Desde México al 01.917.870.0233
Desde otro país al +1.917.870.0233
Ventas:sales@alejandrocaguirre.com

IMPRESA EN LOS ESTADOS UNIDOS DE NORTEAMÉRICA.
TODOS LOS DERECHOS RESERVADOS
© Copyright 2019-2023

ISBN: 9798377718826
ISSN: 2689-2502

RIM 19
TOTAL OR PARTIAL REPRODUCTION IS STRICTLY PROHIBITED WITHOUT THE EXPRESS CONSENT OF EDITORSHIP.
RE-INGENIERÍA MENTAL MAGAZINE 18 NOT RESPONSIBLE FOR THE OPINIONS EXPRESSED
BY CONTRIBUITORS OR INTERVIEWEES IN THE ARTICLES.
THE ADVERTISING CONTENTS ARE RESPONSIBILITY OF ADVERTISERS.

www.alejandrocaguirre.com
RE-INGENIERÍA MENTAL MAGAZINE AND RE-INGENIERÍA MENTAL ARE TRADEMARKS
OF ALEJANDRO C. AGUIRRE PUBLISHING/EDITORIAL, CORP.

ÍNDICE
MARZO 2023

- **CARTA EDITORIAL**
  BEATRIZ SÁNCHEZ ARELLANO — 06

- **CONMEMORANDO AL FEMENINO**
  LENNY Z. PITO BONILLA — 12

- **MUJER SALUDABLE**
  NIDIA ROMERO — 18

- **PINCELADAS DE MUJER**
  LEONOR REY — 24

- **SEMBLANZAS** — 28

- **LENGUAJE, PENSAMIENTO Y PERSPECTIVA DE GÉNERO**
  IOAN GIARELL — 34

- **QUIEN NO SIRVE PARA SERVIR NO SIRVE PARA VIVIR**
  NIDIA ROMERO — 38

- **LA MADRE DE LA TANATOLOGÍA**
  LEONOR REY — 42

Ofelia Precinos

Jossellyta Perez

BARNES & NOBLE **Walmart eBooks** by Rakuten kobo **amazon kindle**

CONMEMORANDO AL FEMENINO

Entre celebraciones, fiestas, flores o regalos, homenajes a las mujeres, por supuesto bien merecidos, rescatemos el significado de la Conmemoración Internacional de la Mujer Trabajadora. Las incansables luchas en búsqueda de su justo reconocimiento y el libre ejercicio de sus plenos derechos.

HISTORIA

Ciento veintinueve mujeres trabajadoras de la fábrica Cotton, en la ciudad de Nueva York, se declararon en huelga exigiendo: Reducción de la jornada laboral a diez horas, salario igual al de los hombres en las mismas actividades y mejor ambiente laboral. El dueño dio la orden de cerrar las puertas, buscando que desistieran y se marcharan, pero en medio de la resistencia se produjo un incendio y todas fallecieron. Sucedió un 8 de marzo de 1908, marcando a nivel mundial la historia del trabajo y la lucha sindical femenina.

El 28 de febrero de 1909 en la Gran Manzana, se declaró el Día Nacional de la Mujer. En 1910 se desarrolló en Copenhague Dinamarca, la segunda Conferencia Internacional de Mujeres Socialistas, enfocada en el sufragio universal para todas. Impulsado por Clara Zetkin y en moción, se proclamó al 8 de marzo como Día Internacional de la Mujer Trabajadora, en homenaje a las fallecidas.

En 1977 La Asamblea General de la Organización de las Naciones Unidas ONU, designó la fecha de manera oficial. Y en 2011, se avanzó hacia la Igualdad de Género y el Empoderamiento de la Mujer.

POR: LENNY Z. PITO BONILLA

ENTRE IGUALDAD Y EQUIDAD

Ante Dios y la ley mujeres y hombres somos seres humanos iguales, aunque por supuesto, reconocemos las diferencias que lejos de separarnos nos complementan. Pero ¿qué decir del trato equitativo, respetuoso y digno que todos merecemos?

Las mujeres vivían, limitadas en educación, salud incluyendo el parir con garantías y tenían menor esperanza de vida. Discriminadas en lo laboral, para ejercer cargos públicos o manejar su dinero. Dependientes de los varones y silenciadas en su desarrollo mental. Sin derechos humanos, civiles, sociales o religiosos.

CONSIDERADAS A MENOS durante el desarrollo de la humanidad, en el siglo XIX empezaron a despertar y alzar sus voces, en el marco del Movimiento Obrero. En 1848 entre la expansión y la turbulencia de la industrialización Elizabeth Cady Stanton y Lucretia Mott, congregaron a cientos en la primera convención nacional de los Estados Unidos, avanzando en derechos. Se inició entonces un camino que cerca de dos siglos después aún continúa.

1RA. Y 2DA. GUERRAS MUNDIALES

Durante la primera, en Rusia las mujeres salieron a protestar participando de los movimientos en pro de la paz, 1913. Un año después las europeas realizaron mítines en torno al 8 de marzo. En 1917 como reacción a los millones de soldados rusos que perdieron la vida, las rusas volvieron a las calles con el lema: *«Paz y paz»*. Contribuyendo a la salida del Zar y al reconocimiento de su derecho al voto.

Tras la devastación de la segunda guerra y para fomentar la cooperación internacional, se creó la ONU en 1945. Su Carta se convirtió en el primer acuerdo multilateral, que consagró la igualdad de género.

DE VÍCTIMAS A GUERRERAS Y HOY LÍDERES

En principio la panorámica de la mujer es dolorosa, posicionada como víctima de: Violencia doméstica desde la relación con los padres hasta sus parejas, acoso o abuso sexual, físico o psicológico en interacciones y espacios incluyendo hogar, escuela o iglesia. Bullying, discriminación, iniquidad laboral o profesional y bajas oportunidades de educación, trabajo o negocios, entre otras situaciones que la mantienen sumergida en el subdesarrollo integral.

Y en efecto, aunque es importante apoyar a las víctimas, también hay que reconocer al victimismo, condición paralizante que lleva a millones de mujeres a seguir hundidas, culpando a los demás y ancladas a las barreras impuestas.

Sin embargo, la misma historia habla de muchas mujeres luchadoras y guerreras que eligieron: Abrir camino a favor de todas, hacerse escuchar, abanderar la defensa de sus derechos y afrontar «guerras». Aun en una sociedad global machista, patriarcal y desequilibrada en contra.

Les agradecemos a ellas por su misión y aceptamos con admiración su legado. Pero hoy en mayor evolución consciente, cada vez más mujeres comprendemos que es tiempo de superar aquella mentalidad de guerreras y generadoras de fuerza. Que el llamado es a aprovechar nuestro potencial interno, empoderarnos y por encima de luchar, fluir desde nuestra capacidad física, psicológica y espiritual.

Ser líderes de nuestra vida, la familia y la sociedad, independientemente de las dificultades al nacer, las condiciones adversas de crianza o las situaciones negativas que nos rodean. Comprendemos que somos responsables de nuestro fracaso o éxito y de la construcción de una mejor humanidad.

Usamos la educación, la capacitación y la acción para nosotras mismas, los hombres, el entorno y la formación integral de nuestros hijos; niñas seguras de sí mismas y niños no machistas. Construimos familias funcionales, rompiendo toda opresión de género y aprovechando nuestra energía femenina o esencia fémina.

AVANZAR EN LA DEFENSA

Recalcados por la ONU, los desafíos aún son muchos hacia los derechos plenos:

◊ **Una de cada tres mujeres sufre violencia de género.**

◊ **2,700 millones no acceden a las opciones laborales de los hombres.**

◊ **Menos de un 25% ocupan puestos de elección o nombramiento en lo legislativo, judicial o público.**

◊ **Solo el 7% son gerentes y ejecutivas empresariales.**

◊ **Bajo la tendencia actual, hasta el 2086 se cerraría la brecha salarial.**

Podemos acortar y superar lo anterior siendo **UNO**, encaminados hacia la actual nueva conciencia individual y colectiva.

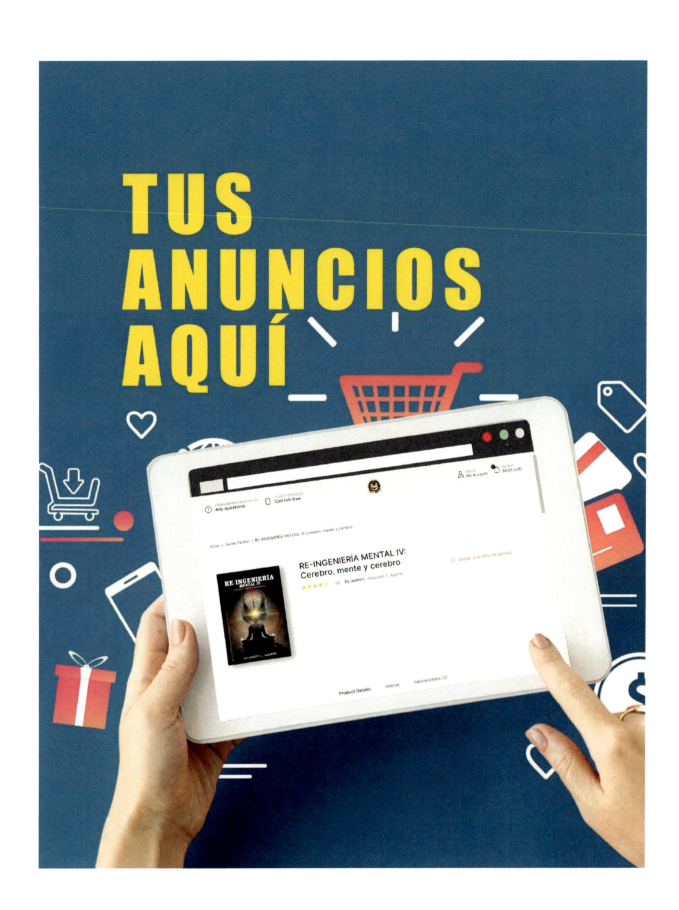

ESPACIOS DISPONIBLES

DISTRIBUCIÓN ANUAL DE DOCE EDICIONES MENSUALES DE 120,000 EJEMPLARES EN LOS **ESTADOS UNIDOS.**

120K
DESCARGAS DIGITALES

alejandrocaguirre.com

Dentro de EE.UU al (917)-870-0233
Desde México al 01 (917)-870-0233
Desde otro país al +1 (917)-870-0233

El Día Internacional de la Mujer se conmemora en muchos países del mundo. Cuando las mujeres de todos los continentes, a menudo separadas por fronteras nacionales y diferencias étnicas, lingüísticas, culturales, económicas o políticas se unen en esta fecha, en la conmemoración de no menos de noventa años de lucha en pro de la igualdad, la justicia, la paz y el desarrollo.

Con este motivo queremos recordar la importancia del cuidado femenino, para asi ser mujeres saludables.

Aquí queridas lectoras, les dejo algunos consejos a seguir:

- **Mantener una dieta equilibrada durante la infancia, tomar vitaminas y minerales bajo control pediátrico, una importante responsabilidad de las madres. «Recuerde que el calcio se atesora en la juventud y se gasta en la menopausia».**

- **Hacer ejercicio de manera habitual para evitar el sobrepeso.**

- **Informarse de las opciones médicas y los planes preventivos en cuanto a las enfermedades ginecológicas.**

- **Conocer los métodos anticonceptivos y cuál es el más adecuado para usted.**

- **Hacerse revisiones ginecológicas periódicas cada año.**

- **Evitar las enfermedades de transmisión sexual.**

- **Antes de planear un inminente embarazo, acuda a una revisión preconcepción y luego controle la etapa de gestación en forma adecuada.**

- **Coma de forma equilibrada durante su vida reproductiva y en la menopausia prepare: Comidas hipograsas saturadas, hipocarbonadas de azúcares refinados (pasteles, por ejemplo), rica en verduras y pescados, de preferencia azul y carnes blancas.**

- **Evite prácticas tóxicas y los medicamentos no prescritos.**

- **Asuma la importancia y los beneficios de la lactancia materna tanto para usted como para su hijo.**

Recordemos que, como mujeres y seres humanos, debemos desarrollar hábitos saludables en todas las áreas de la vida.

Estas son algunas de las características que tienen las mujeres saludables:

☺ Logran percibir su realidad.

☺ Se aceptan a sí mismas tal como son.

☺ Son espontáneas.

☺ Conectan con su misión en la vida.

☺ Disfrutan la soledad.

☺ Son independientes.

☺ Aprecian la vida.

☺ Tienen experiencias frecuentes de felicidad.

☺ Resaltan su simpatía y cariño por los demás.

☺ Son democráticas, pueden ser amigas de cualquiera.

☺ Tienen relaciones interpersonales profundas.

☺ Disfrutan tanto el medio como el fin.

☺ Su humor es espontáneo y no se ríen de las tragedias humanas.

☺ Son creativas.

☺ Tienen identidad con su cultura.

☺ Cometen errores y aprenden de ellos.

☺ Tienen una base firme en valores.

☺ Aprenden a ver puntos medios en negociaciones y solucionan dicotomías.

Cuidar la salud de las mujeres es fundamental para fortalecer el empoderamiento femenino: Mujeres sanas y saludables son muy importantes para tener sociedades, entornos, familias e hijos sanos, inteligentes y activos. Por otra parte, está el derecho de la mujer a ser valorada y educada libre de patrones estereotipados de comportamiento y prácticas sociales o culturales. Es por esto que estamos llamadas a ser mujeres saludables y con una vida plena.

Cinco formas de atender su cuidado personal y mantenerse saludable:

1. Concéntrese en su salud física.

Póngase las zapatillas deportivas y salga a caminar rápido. ¡El aire fresco le hará bien! Desempolve esos vídeos de ejercicios y dedique unos momentos a estirarse durante el día. Hacerlo es una manera de estimular su sistema inmunológico y nivel de energía.

2. Consuma alimentos saludables.

Aproveche para probar algunas recetas nutritivas nuevas. Tenga a mano muchas frutas y verduras frescas. Todo contribuirá en gran medida a mantener su vitalidad y energía.

3. Atienda su salud mental, ya que es igual de importante que la física.

Como somos criaturas sociales, el distanciamiento social puede ser difícil para muchos de nosotros, especialmente para aquellos que viven solos. Llame a un amigo con el que no haya hablado en mucho tiempo. Busque a otro para mantener correspondencia. Organice una charla por vídeo con amigos en línea. Manténgase en contacto con los vecinos a través de correos electrónicos, mensajes de texto o llamadas telefónicas.

4. Establezca una rutina y dedique un tiempo para recargar su energía.

Es importante encontrar y seguir una rutina que funcione para su familia. También es valioso tomar un tiempo en medio de la rutina con el fin de recargar las pilas, estar descansado y listo para enfrentar los desafíos del día siguiente.

5. Tome un descanso.

Usted es vital para su familia, es el corazón y el alma de ella.

Nos ocupamos de usted y de su bienestar querida mujer. Así que cuídese y manténgase saludable. Juntos sobreviviremos a todas las tormentas.

POR: NIDIA ROMERO

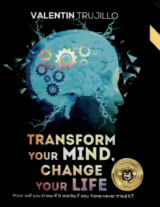
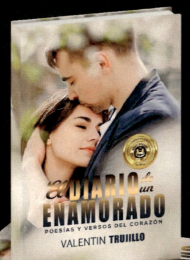

#ValentinTrujillo

PINCELADAS DE MUJER

POR: LEONOR REY

¿Sabía que las mujeres han sido parte importante en el arte? Algunas, gracias a la manera en la que ven al mundo y perciben la belleza, han generado impactos muy grandes en la evolución del arte. En este artículo hablaremos de una de las mujeres más importantes para el Impresionismo, **Berthe Morisot**.

¿Quién fue ella?

Llevada de la mano de pintores como Manet, fue precursora y figura clave de este movimiento que marcó un hito en el arte de la época. Su familia era burguesa y decidió pagarle clases particulares con diferentes artistas, quienes vieron el gran potencial que tenía y la impulsaron a exponer en el Salón de París, junto a su hermana.

Desde joven aprendió las técnicas necesarias para aprovechar la belleza de la luz y el color que plasmó en sus obras. Tenía una forma muy peculiar de trabajar con pinceladas atrevidas y experimentales, muy diferente a las que los demás impresionistas solían utilizar en sus pinturas. Debido a que no tenía la misma instrucción academicista que sus compañeros, logró establecer una técnica ingeniosa que le permitió plasmar la belleza de su entorno a pesar de tener espacios muy reducidos para pintar al aire libre que era lo que mejor hacía.

Fue modelo de Manet en diversas ocasiones, con quien hablaba acerca de las técnicas empleadas en sus obras, sin embargo, fue su hermano Eugène Manet, quien captó su atención, se casaron y tuvieron una hija.

También fue quien logró que el Impresionismo llegara a los Estados Unidos, siendo una de las artistas que mejor pudo vender su obra de manera independiente, incluso más que algunos de sus compañeros hombres.

¿Por qué es admirable?

Gracias a su técnica extraordinaria, en el trabajo realizado, plasmó la belleza de la vida diaria.

A pesar de vivir en una época en la que las mujeres no podían acceder a las escuelas, ella logró creaciones impresionantes, que impactaron a muchas personas.

La manera en la que apreciaba la luz y las mezclas con las pinceladas cortas y rápidas con los diferentes colores, creo piezas muy ricas que envuelven al espectador. Aunque las pinceladas sean expresivas en sus pinturas, se puede observar cierta delicadeza que invade sus lienzos gracias al manejo tan excepcional de la luz y la manera en la que ella incide en los personajes y/o el paisaje que se encuentra representado en sus obras.

Otra cosa muy importante, es que logró darles voz a las mujeres de aquella época, ya que, aunque era excluida de las reuniones de los impresionistas, logró comprender el movimiento artístico mejor que nadie y comunicar a través de la belleza de sus pinturas, diferentes mensajes sociales y los reclamos sobre el estado en el que las mujeres vivían y cómo interactuaban ellas mismas con el arte, así como la manera en la que se sentían o reflejaban su interpretación.

> «¿Ven? Ella ha triunfado porque vale; si ustedes no lo consiguen, no es por impedimentos sexistas sino porque no valen lo suficiente».
>
> —Simone de Beauvoir

Marzo no debe de ser un simple mes de festejo inocuo, porque nos recuerda la lucha de miles de mujeres por alcanzar la equidad de género. Una equidad que en ocasiones pareciera que aún está lejos e imperceptible, pero tan vital como comer y respirar.

Por eso en conmemoración al día Internacional de la Mujer, la revista Re-Ingeniería Mental en su edición No.19 del mes de marzo, se complace en presentar a las mujeres que conforman su equipo editorial; quienes hacen posible su realización.

Todas son mujeres bellas, inteligentes, valientes, perseverantes, guerreras...

ROSALBA C. AGUIRRE

Soy orgullosamente mexicana, nací en Zacatecas, México en el seno de una familia amorosa, humilde y muy trabajadora. Fui educada por mis padres con principios y valores firmes. Soy la mayor de cuatro hermanas. Mi adorada bisabuela Soledad, se esforzó siempre en darme la formación espiritual que ha sido el pilar de mi vida y gracias a ello tuve una infancia muy feliz.

Mis padres tuvieron la oportunidad de emigrar a los Estados Unidos, en busca de una mejor calidad de vida para toda nuestra familia.

Mi educación está fundamentada con los estudios que obtuve en el CCD (Colegio de Denver, CO). Me considero una mujer independiente, autodidacta y disciplinada. Tengo cuatro hijos que son la prioridad de mi vida, todos ellos son seres humanos de buenos sentimientos, de corazón amoroso y humilde. Me siento profundamente orgullosa de quienes son y los considero fuente de mi inspiración y amor incondicional… Los amo por sobre todas las cosas y cada uno es: *Mi Amor del Alma*.

Me atraen los retos, me gusta ser impredecible, me aventuro por la vida y aprendo cosas nuevas todos los días. Soy extrovertida, elegante y predico con el ejemplo.

He logrado convertirme en una mujer resiliente, que a pesar de los obstáculos y adversidades sigo de pie, ¡siempre adelante! Nunca me rindo, porque aprendo y valoro las lecciones que me da la vida.

Disfruto mucho de la naturaleza, caminar por las montañas me da profunda paz y felicidad, además es una manera agradable de mantenerme con buena salud. Me encanta el sonido del agua que corre por los ríos, los aromas y los colores de las flores que adornan los paisajes especialmente en las Rocallosas de Colorado. Disfruto de la vida a cada instante con la mejor actitud, siempre positiva.

Cada vez estoy más consciente del valor de mi vida, por ello le doy gracias a Dios por darme la oportunidad momento a momento de estar aquí, seguir aprendiendo cosas nuevas, cumplir mis sueños, emprender nuevos proyectos como empresaria y bendecirme día tras día.

Mi presente está rodeado de amor por mis hijos y la oportunidad de reinventarme como mujer, al lado de mi actual esposo Alejandro C. Aguirre.

Gracias por la oportunidad de participar en este Homenaje a la Mujer, al lado de otras mujeres emprendedoras que han y están dejando un legado a la humanidad, a través de Reingeniería Mental Magazine.

Si me permiten, quisiera dejarlos con un pensamiento: Sean siempre la mejor versión de sí mismos.

¡QUE VIVAN LAS MUJERES!

Nací en Colombia, en la hermosa Popayán ciudad blanca y colonial del país. Tanto mis amados padres como hermanos han sido mi apoyo, además he contado con una familia extensa pilar fundamental de mi vida. Por elección me hice ciudadana estadounidense.

Me siento feliz y realizada en mi papel de esposa y madre de un adolescente.

Mi educación fue bajo la tutela de monjas, en compañía de niñas que aún son mis amigas. Crecí y me formé de manera integral en lo académico y valores humanos.

Desde muy jovencita me interesé por el voluntariado, la lectura, la escritura, la oratoria, la natación, la equitación, la música, el baile y el compartir con los demás.

Elegí la Carrera de psicología, una profesión que desde 1990 ha sido mi vocación, pasión y misión. Con un enfoque comunicacional sistémico, transpersonal y humanista he desarrollado un proceso de intervención propio, apoyando a miles de personas en la transformación de sus vidas.

Soy miembro de diferentes organizaciones internacionales, pero me honra en especial ser misionera y embajadora de paz, del internacional Movimiento Acción de Paz.

Amo todo lo que soy y hago; la sencilles de la existencia en un amanecer o atardecer, al saborear un delicioso café, disfrutar una orquídea color purpura y trabajar con el alma humana.

LENNY Z. PITO BONILLA

BEATRIZ SÁNCHEZ ARELLANO

Nací en la ciudad de México D.F.

Soy la mayor de ocho hermanos, cinco mujeres y tres varones. Tengo dos hijos sensacionales, un varón y una mujer que siempre han sido mi prioridad.

Cursé estudios en la UNAM en la carrera de Pedagogía.

Me gustan los animales y los gatos en especial. Disfruto el cine, la música y la historia en general. Mi color preferido es el rosa mexicano y no desaprovecho nunca la oportunidad de disfrutar de un rico helado de café.

Hace siete años mi vida tomó un curso inesperado y maravilloso con la llegada de mi nieto, quien vino a confirmar lo que siempre he pensado y que hace latir mi corazón: mi familia es lo más importante para mí. De esa pequeña manita, hoy camino reaprendiendo todo desde los ojos del corazón y agradezco a Dios cada día esta oportunidad. Disfruto mi trabajo y estar activa.

Nací y crecí en Mexicali, Baja California Norte, México.

Tengo tres hermanos. Tres hijos, dos varones, una mujer y dos nietos. Disfruto ir a ver a mi familia a Mexicali.

Fui siempre una niña extrovertida y alegre. A los tres años gané el primer lugar en una carrera de 100 metros. Aprendí a leer y escribir a los cinco años. Vivíamos en un Ejido con muy pocos habitantes e íbamos todos juntos a la escuela, por lo que fuimos muy unidos. Me gustaba asistir a las posadas del Ejido Morelia porque nos daban muchos dulces. Jugaba con canicas y trompos, además, me encantaba participar en los bailables de la escuela. Como deportes prefería el basquetbol y el futbol que aun en la actualidad practico como delantera. Me gusta cantar y escuchar música, disfrutando una taza de café. Mi color preferido es el amarillo.

Sigo siendo la misma niña extrovertida con un poco más de edad. Mis gustos no han cambiado mucho, sigo haciendo y disfrutando lo mismo con alegría.

Ahora, aprecio cada segundo y solo hago lo que me gusta; ayudar y servir a los demás con mi lema:

«Sin perdón no hay sanación. He sido una mujer resiliente ante la adversidad».

NIDIA ROMERO

LEONOR REY

Nací en la Habana, Cuba, el 2 de mayo de 1959. En el año 1961, mis padres emigraron a México y desde entonces nos establecimos e hicimos nuestra vida en este país.

Realicé en México mis estudios hasta la universidad, en la carrera de Comunicaciones y Relaciones Públicas.

Me casé en 1985, tenemos tres maravillosos hijos. La familia es y será siempre lo más importante para mí. Me gustan el arte, la historia, la literatura, los animales y la cultura en general.

Siento que aprendemos cada día más y es un verdadero placer hacerlo.

¡AMO LA VIDA!

Y le agradezco a Dios por cada día de mi existencia.

MARICELA TAMARIZ

Soy originaria del estado de Puebla y en la actualidad radico en el bello estado de Tlaxcala, México.
Soy la tercera de cuatro hermanas. El motor y la razón de mi vida son mis hijos, un varón y una mujer, a quienes mi esposo y yo, hemos educado inculcándoles respeto, generosidad y sencillez.

Algo que me caracteriza, es que doy sin esperar nada a cambio y en ocasiones, antepongo a los demás sobre mí misma y puedo ser tan dura como delicada.

A nivel profesional me entrego por completo a mi trabajo, gran parte del día, ya que lo disfruto mucho pues me apasiona el área de diseño gráfico. Agradezco a Dios por tantas oportunidades y bendiciones.

Estoy siempre dispuesta a concluir mis metas y una de ellas a corto tiempo, es publicar mi libro de poemas, el que ya estoy escribiendo y cuyo título será una sorpresa.

Soy una mujer sencilla, amable, respetuosa, amo la vida, mi trabajo y mi familia.

SERVICIOS DE IMPRESIÓN Y SUBLIMACIÓN

- **Businnes card**
- **Mamparas**
- **Calendarios**
- **Agendas**
- **Libretas**
- **Catálogos**
- **Playeras**
- **Tazas**
- **Gorras**
y mucho más.....

Dentro de EE.UU al (917)-870-0233
Desde México al 01 (917)-870-0233
Desde otro país al +1 (917)-870-0233

alejandrocaguirre.com

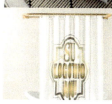

Lenguaje, Pensamiento y Perspectiva de Género

POR: IOAN GIARELL

Óyeme con los ojos es el verso sugerente de Sor Juana Inés de la Cruz, con el cual Octavio Paz abre la quinta parte del extenso ensayo *Sor Juana Inés de la Cruz o Las trampas de la fe*.

La belleza creativa de esta metáfora, en la que parece haber una evocación de la tradición clásica (según planteamientos de Carlos Vidales citando a Gabriel Laguna, especialista en filología latina), sugiere la fuerza comunicativa de la lectura y, por tanto, del lenguaje.

Y ya que a ti no llega mi voz ruda/ óyeme sordo pues me quejo muda. Los sentidos, por el arte de Sor Juana Inés de la Cruz, subyugados por la metáfora, abandonan su condición natural; los ojos que oyen, el sordo que escucha, son, a un tiempo, paradoja literaria, lectura y reflexión.

Sin adentrarnos al estudio de la semiótica o al análisis literario, una ojeada al surgimiento del lenguaje escrito bastaría para corroborar la idea anterior, pues se sabe que la escritura revolucionó la historia de la humanidad al perpetuar el pensamiento, las emociones y en general la cultura de las sociedades.

La evolución de la escritura jeroglífica de las civilizaciones agrícolas al alfabeto de los navegantes fenicios, y siglos después la invención de la imprenta en el renacimiento, potenciaron el desarrollo y progreso de todas las civilizaciones.

Aunque la digitalización del siglo XXI dimensionó la capacidad comunicativa del lenguaje, es un hecho que las competencias para procesar la información y el manejo del lenguaje, como elemento esencial para revolucionar el pensamiento, se han rezagado en nuestros sistemas educativos. Varios especialistas de carácter progresista han puesto al neoliberalismo como causa central de este fenómeno, pues está estrechamente vinculado con la degradación social, económica, política y cultural de nuestro tiempo.

Hugo Aboites (investigador y académico de la Universidad Autónoma Metropolitana Unidad Xochimilco de la Ciudad de México), en una colaboración reciente para el diario *La Jornada*, plantea que las políticas neoliberales cambiaron la dinámica entre conocimiento y sociedad, introdujeron una visión tecnócrata y la cultura de la inmediatez del éxito. Habría que añadir lo comentado reiteradamente por el presidente de México: «Y sin escrúpulos de ninguna índole». Además de un egoísmo feroz muy distante del bien común planteado por Rousseau en *Emilio o De la educación*. El análisis de Aboites es para el sistema educativo mexicano, pero esta situación, me parece, es de carácter general.

El mes de marzo es tiempo del renacer, del equinoccio primaveral, de la mujer, de la exaltación de la lucha de ellas por la equidad de género en todos los espacios y momentos de la vida, y es, por supuesto, necesario vincular esta lucha con la transformación social, económica, política y cultural de nuestras sociedades. Para su consecución tendríamos que generar un nuevo Renacimiento, una renovación del Humanismo. Son necesarias muchas acciones, pero tres son básicas: erradicar la desigualdad económica con una mejor distribución de la riqueza, impulsar una ética que contemple la individualidad de las personas pero que sobre ello pondere el bien común, y, claro, replantear la educación. Respecto a esto último, no hay que perder de vista que la formación integral de las personas es un proceso social permanente donde todos somos actores: sociedad, instituciones, medios de comunicación y sistemas escolarizados formales. Urge un replanteamiento pedagógico y social capaz de generar, sin falsas posturas e intereses mezquinos, una cultura de bienestar para todas y todos, y más.

Se ha planteado que el feminismo, a través de todas sus olas, ha evolucionado de la enumeración de los agravios cotidianos a la defensa argumentativa y racional. Sor Juana Inés de la Cruz, citado por Octavio Paz, es la primera en hacerlo en América a finales del siglo XVII en su Respuesta a Sor Filotea de la Cruz (en realidad al obispo de Puebla, Manuel Fernández de Santa Cruz), en esa obra no solo se reivindica ella, sino como parte de sus argumentos expone la grandeza de otras mujeres como la legendaria *Hipatia de Alejandría*. Defiende su derecho a la sapiencia y a la educación y expone el atosigamiento social y clerical en su contra, entre otros planteamientos filosóficos. Finalmente, como podría inferirse de la última parte del ensayo citado de Paz, asediada por la iglesia, termina por silenciar su pensamiento, pero, a pesar de ello, gracias al lenguaje (escrito): podemos oírla con los ojos.

*

Un siglo después, Mary Wollstonecraft con su obra *Vindicación de los derechos de la mujer* (publicada en 1792) hace lo mismo, esta vez para refutar los planteamientos de la última parte de *Emilio o de la Educación* de Jean Jacques Rousseau, y con ello estableció las ideas en que se habría de fundamentar el feminismo liberal.

En el siglo XX, más cercano a nuestro tiempo, el pensamiento de Virginia Woolf, las ideas de Simone de Beauvoir, la desmitificación de la mujer en diversos ensayos de la mexicana Rosario Castellanos, son destacadas aportaciones a la literatura que han dotado de mayores y variados argumentos la lucha por la reivindicación de la mujer. En todas ellas, el lenguaje estructurado en pensamiento, ha sido, a la vez, su arma y su escudo.

La revolución de las ideas generadas por las feministas, sobre todo de la segunda mitad del siglo XX y lo que va de nuestro siglo, ha llevado a la construcción del enfoque teórico llamado *Perspectiva de género*. Esta guía conceptual, desde finales del siglo pasado hasta la actualidad, es la base para debatir la equidad entre hombres y mujeres.

Es evidente que la dicotomía transformación-conservadurismo, por la fuerza de la cultura, está presente, en mayor o menor medida, en todo pensamiento, pero lo social y lo cultural no son construcciones estáticas, sino dinámicas, son producciones humanas y por lo tanto susceptibles de transformación; el camino para lograrlo, la historia de las sociedades lo ha demostrado, es la revolución permanente del pensamiento, y su herramienta fundamental es el lenguaje; cierto, el lenguaje en todas sus formas puede construir o destruir, hay evidencia de ello también; sin embargo, aún es factible retomar el camino, por decirlo a la manera de la cosmovisión mesoamericana, es posible todavía un nuevo sol para la humanidad, uno que conduzca a una vida plena, libre de violencia en todas sus formas, uno en que la vía para lograrlo sea el poder persuasivo del lenguaje. ¿Se trata de una utopía?, es posible, pero las cosas humanas se han construido con utopías y realidades.

QUIEN NO VIVE PARA SERVIR

La mujer que más ha influido en mi vida ha sido mi mamá Cecilia A. Romero, ella a la corta edad de doce años quedó huérfana de madre, quién falleció en sus brazos. Mi mamá era la mayor de seis hermanos a quienes cuidó y protegió. A pesar de no haber ido a la escuela, aprendió a leer y escribir. Ya grande terminó la primaria y obtuvo su certificado. Es una mujer poderosa, de carácter decidido, gran fortaleza y empatía, con capacidad para relacionarse con los demás y con mucho amor en su corazón. Es alegre, le gusta la música y le encanta cantar. Ha sido y es mi mayor ejemplo a seguir, por ello la amo con todo mi corazón.

Y la mujer que más ha impactado mi vida en el área de la salud, es mi Nina (así llamo amorosamente a mi madrina) Eva Romero, enfermera de profesión, quién ha servido a la comunidad del Ejido, Nuevo León, Mexicali Baja California por más de treinta años. Es una persona muy querida para los que la conocen, ya que cuenta con una gran virtud, la paciencia. Tiene una empatía increíble, acude a las casas de sus pacientes en horario flexible y posee la capacidad de mantener la calma bajo presión. Es una persona de gran corazón.

Gracias a estas dos mujeres, encaminé mi vida al servicio de la comunidad y elegí estudiar la Carrera de psicología, siendo mi actual misión servir a los demás.

POR: NIDIA ROMERO

Otra mujer que admiro es a la Madre Teresa de Calcuta, por su gran labor humanitaria. Su entrega al servicio de los más desamparados es admirable, además que siempre antepuso a los necesitados a su propia vida y su salud, por su dedicación al prójimo. De gran empatía, compromiso y fe inquebrantables desde joven, le dio la espalda a los placeres mundanos y se centró en servir a los pobres desde que tenía diez ocho años.

Estar al servicio de los demás, en especial de las bellas mujeres, significa para mi escucharlas y ayudarlas en lo que está en mis manos, atenta a lo que realmente les interesa y necesitan en todo momento. Debiera ser nuestra meta y un fin en sí mismo; ser de utilidad para ellas.

Por ello al igual que mi mamá, mi Nina y yo servimos a las personas de esta manera, tú, mujer, también puedes aprender a vivir para servir.

El optimismo, la resiliencia, vivir en el aquí y el ahora o fluir, son elementos que debemos integrar a nuestras vidas para disfrutar a plenitud lo que nos ofrece el día a día y alcanzar bienestar social. Muchos autores, pensadores y figuras importantes de la historia en general han dejado plasmadas en palabras, invitaciones para experimentar ese lado placentero de la cotidianidad.

Hoy reconozcamos a esas grandes mujeres que, con valor, han hecho su vida más interesante. Por eso mujer, conviértete en la persona quien tú quieras ser, tienes la capacidad y las bases saludables para poder hacerlo. La mujer que hoy ves en el espejo, cuenta una gran historia. Sabe y asume la vida con todo y sus cambios, adaptándose a cada variación con integridad y optimismo.

Hemos de ser capaces de aceptar a la mujer de ayer porque también nos ha ayudado a dar fuerza y belleza a la mujer de hoy, conectándonos con el fluir y el disfrutar de ese movimiento enriquecedor. La belleza que distingue a la mujer es algo subjetivo, lo que en realidad la vuelve bella es aquello que la caracteriza y poco tiene que ver con un físico envidiable. Recordemos que el servir, es una característica innata de la mujer.

Cada persona tomará un camino diferente para llegar al bienestar, y todo aspecto de este, influye en la vida de la persona. Esforzarse por lograrlo es una meta excelente, ya que está directamente relacionada con la calidad de vida que tenga y por eso es tan importante tener bienestar social, para servir a quienes nos necesiten, así como lo hizo mi madre con sus hermanos y como lo realizo yo con mis pacientes.

NO SIRVE PARA VIVIR

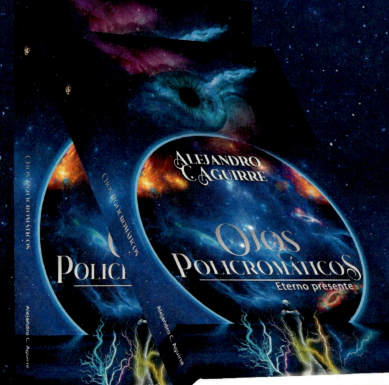

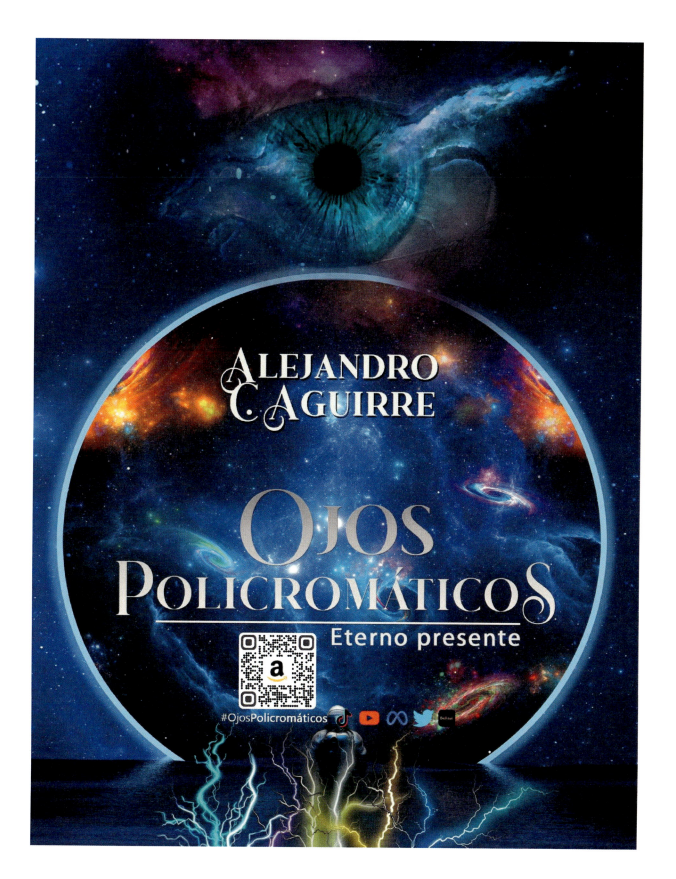

LA MADRE DE LA TANATOLOGÍA

POR: LEONOR REY

¿Ha escuchado alguna vez de las cinco etapas del duelo? ¿Sabe cómo son? ¿Conoce quién las descubrió? En este artículo exploraremos la vida de la madre de la tanatología, a quien le debemos la teoría que ha ayudado a muchos a enfrentar su propia muerte o la de seres queridos y ha impulsado a sobrellevar el proceso de la muerte como parte de la vida y no su oposición.

¿Quién fue Elisabeth Kübler-Ross?

Nació en Zurich, Suiza, el 8 de julio de 1926 y murió el 24 de agosto de 2004. Psiquiatra y pionera en los estudios de muerte cercana y la autora del innovador libro Sobre la Muerte y los Moribundos, publicado en 1969, en el que introdujo lo que ahora es conocido como el modelo Kübler-Ross. En esta obra propuso las ahora famosas Cinco Etapas del Duelo, como un patrón de ajuste. En 2007, fue introducida al Salón Nacional de la Fama de la mujer. Recibió veinte títulos honoríficos y para julio de 1982, había impartido aproximadamente a ciento veinticinco mil estudiantes, cursos de muerte y moribundos en universidades, seminarios, escuelas de medicina, hospitales e instituciones de trabajo social. En 1970, dio las Conferencias de Ingersoll sobre la Inmortalidad Humana en la Universidad de Harvard, en el tema: Sobre la Muerte y los Moribundos.

Las cinco etapas del duelo

Ellas son: Negación, ira, negociación, depresión y aceptación. En general, los individuos experimentan la mayoría de estas etapas, aunque no en una secuencia definida, después de enfrentarse con la realidad de la inminente llegada de la muerte. Han sido adoptadas por muchos para aplicarlas a los afectados por la muerte de un ser querido también.

¿Por qué me parece admirable?

Mi admiración por Elisabeth Kübler-Ross, viene de su capacidad para estudiar al ser humano durante el único momento certero de su vida: *La muerte* y publicarlo en un libro. Todos hemos perdido a un ser querido y hemos pasado por las etapas del duelo, enfrentándolas de diferentes maneras, pero sin duda el proceso se vuelve más fácil cuando se sabe lo que va a pasar.

Solo una mujer con tanta inteligencia emocional podía descubrirlas y publicarlas. Lograr que el ser humano se comprenda en sus peores momentos, como el instante de su muerte o el de un ser querido no es cosa sencilla.

Es una mujer admirable que pasó a la historia y, cuyos libros se han traducido a varios idiomas y forman parte esencial del estudio de la tanatología.

Para muchos este tema puede ser delicado, por eso es bueno tratarlo con un tanatólogo, ya que ellos están especializados en este ámbito, por tanto, son una guía ideal para sobrellevar el duelo. Si usted o algún conocido está pasando por un momento así, también puede leer el libro de Kübler-Ross para comprender un poco mejor la situación.

CATÁLOGO

«Las cosas que
quiero saber están
en los libros;
mi mejor amigo
es aquel que recomienda un
libro que no he leído».

—Abraham Lincoln

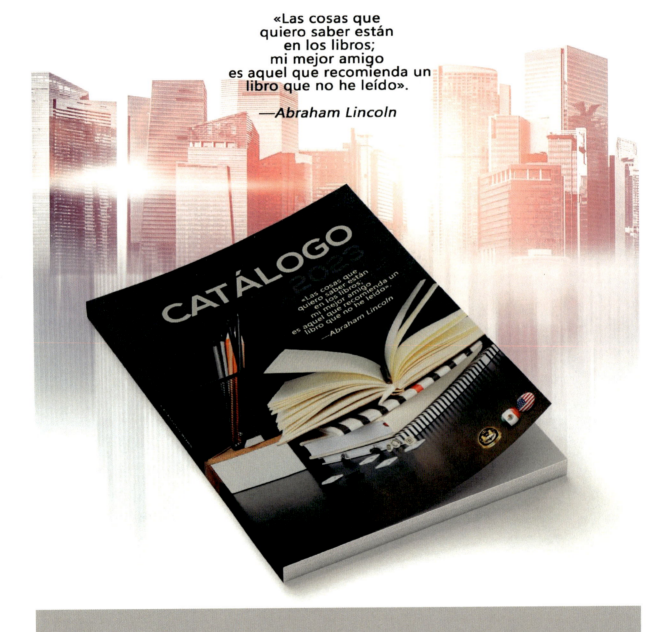

Made in the USA
Middletown, DE
26 February 2023

25632949R00027